Bibliografische Information der Deutschen
Nationalbibliothek
Die deutsche Nationalbibliothek verzeichnet diese
Publikation in der Deutschen Nationalbibliografie;
detaillierte bibliografische Daten sind im Internet
über http://dnb.d-nb.de abzurufen

AF288349

Impressum
Copyright © 2010 Mark Liebstein
Layout: Mark Liebstein
Satz: Mark Liebstein
„Herstellung und Verlag: Books on Demand GmbH, Norderstedt"
ISBN: 978-3-8391-5011-5

Inhalt

Vorwort

Den Satz „Lehrjahre sind keine Herrenjahre!" hat wohl jeder schon einmal gehört.

Was das aber genau bedeutet, wissen wohl nur diejenigen richtig einzuschätzen, die eine Ausbildung schon absolviert haben. Natürlich ist es nicht so, dass die Azubi-Jahre für die meisten in schlechter Erinnerung geblieben sind. Viel mehr denkt man als gestandener Facharbeiter an eine Zeit des geforderten und geförderten Werdens zurück. Schließlich werden in der Ausbildung die Weichen für die berufliche Zukunft gestellt und dabei gilt, je besser die Ausbildung war, umso einfacher wird der Einstieg in das Berufsleben gelingen und die Entwicklung im jeweiligen Métier vorangehen können. Es stellt sich also sehr schnell heraus, dass nur derjenige gut im Beruf sein kann, der entsprechendes Grundlagenwissen erlernt hat. Denn nur aufbauend auf diesem Fundament ist eine konstante Weiterentwicklung möglich.

Das Buch vermittelt diese Grundlagen auf eine ganz einfache und übersichtliche Weise. Es ist Nachschlagewerk und Übungsbuch in einem. Ob zur Vorbereitung auf einen Berufsschultest, zur Vorbereitung auf die Prüfung oder direkt zum Einblick kurz vor Dienstantritt. Mit ihm bekommt jeder Auszubildende die Unterstützung die er braucht, um für die beruflichen Herausforderungen jederzeit gewappnet zu sein und kann ihnen mit einem Lächeln entgegenblicken.

Nun wünsche ich Ihnen viel Freude beim Lesen dieses Buches und dem damit verbundenen Genuss an Ihrem ganz persönlichen Erfolg im Beruf!

Reservierungsannahme/Walk In

Kategorienspiegel

Zimmerplan

Check In

Traces

Übergabebuch

Abrechnungen annehmen

Paymaster-Konten

Kassenabmeldung

Weckservice

Devisenwechsel

Zahlarten/Zahlungsmittel

Check Out

1. Mitarbeiter am Empfang

Deutsch	*Englisch*	*Französisch*
Empfangschef/-in	Front Office Manager	Premier Chéf de Réception
Stellv. Empfangschef/-in	Assistant Front Office Manager	Deuxième Chéf de Réception
Schichtleiter	Shiftleader	-
Empfangsmitarbeiter/-in	Reception Clerk	Réceptionist
Night Manager	Night Manager	Manager de nuit
Nachtrechnungsleger	Night Auditor	Caissier de nuit
Chef- Portier	Bell captain	Chef concierge
Telefonist	Operator	Téléfoniste
Hausdiener	Page/Bellboy	Portier/ hasseur

TAGDIENST

2. Schichtsysteme

Dieses Kapitel befasst sich mit den zwei Schichtsystemen, die den Tagesarbeitsablauf am Empfang gestalten. Dieser Ablauf kann je nach Größe und Art des jeweiligen Hotels variieren. So wie hier beschrieben, sollten diese Grundlagen an jedem Empfang in dieser oder an das Haus angepasster Form angewandt werden, um einen reibungslosen Arbeitsablauf zu garantieren.

Checklisten dienen dabei oft zur Hilfe und Kontrolle der auszuführenden Arbeiten.

Im Folgenden sind Frühdienst und Spätdienst dargestellt. Wer diese Abläufe verinnerlicht hat, besitzt bereits ab hier die beste Grundlage für einen erfolgreichen Dienst!

2.1 Frühdienst

- Kasse und Safe zählen

- Traces lesen

- Functions lesen

- Übergabebuch lesen

- Übergabe vom Nachtdienst

- Notfalllisten ziehen/7 Uhr (Gäste im Haus sortiert nach Zimmernummer, Gäste im Haus alphabetisch, Kfz- Kennzeichen im Haus, Abreisen nach Zimmernummern, Anreisen alphabetisch, Saldenliste, freie Zimmer)

- Weckliste bearbeiten

- Debitoren auschecken, Abreisen checken

- Musik in Lobby anschalten, Äpfel auffüllen

- Anreisenkontrolle

- Gruppenanreisen vorbereiten

- Notfalllisten ziehen/13 Uhr

- Devisenkurs eingeben

- Meldescheine aussortieren

- Offene Abreisen überprüfen

- Kassenabrechnung machen

- Offene Abreise überprüfen und an Spätdienst übergeben

- Übergabe an Spätdienst (Besonderheiten weiterleiten)

2.2 Spätdienst

- Kasse und Safe zählen

- Traces lesen

- Functions lesen

- Übergabebuch lesen

- Übergabe vom Frühdienst

- Gruppenanreisen überprüfen

- Offene Abreisen überprüfen

- Abreisen des nächsten Tages vorbereiten

- Preis – Check – Report

- Parkliste der Hausdiener vergleichen, Tiefgarage eventuell nachbuchen

- Minibar buchen

- Notfalllisten um 19 Uhr drucken

- Anreisen für die nächsten Tage vorbereiten

- Guest Checks wegsortieren

- Meldescheine eingeben

- Übergabebuch für den nächsten Tag vorbereiten

- Traces checken, ob erledigt, sonst auf den nächsten Tag setzen

- Parktickets vorbereiten

- Functions für nächsten Tag einsehen und wichtigste Informationen in die Übergabe schreiben

- Schlüsselbuchkontrolle

- Kassenabrechnung

- Notfalllisten um 23 Uhr

- Übergabe an den Nachtdienst (Besonderheiten weiterleiten)

3. Check In

Die Prozedur des Check Ins ist immer von der Größe des Hauses und der Klassifizierung abhängig.

So gilt: Je höher die Klassifizierung des Hotels ist, um so größer ist das Angebot für den Gast und desto umfangreicher sind die Informationen, die der Gast bei Anreise erhalten kann. Es ist also durchaus möglich, dass der Check In unter der Berücksichtigung aller Standards bis zu 15 Minuten beansprucht. Sicher wird nicht jeder Gast so lange warten wollen bis er sein gebuchtes Zimmer beziehen kann. Deshalb empfiehlt es sich, für solche Situationen einen verkürzten, auf den Gasttyp abgestimmten, Empfang parat zu haben.

Gerade geschäftlich reisende Gäste sind an für den Aufenthalt wesentlichen Dingen interessiert. Dazu zählt, wie er am schnellsten sein Zimmer findet, die Regelung der Tiefgarage, wo das Frühstück wann beginnt und gegebenenfalls wie die Veranstaltungsplanung vorgesehen ist. Auch das Anbieten der Gepäckverwahrung und des Parkservices ist zu empfehlen.

Es ist immer von Vorteil, schon bei Check In nach der gewünschten Rechnungsadresse zu fragen. Denn bei Check out nimmt eine mögliche Korrektur nur unnötig viel Zeit in Anspruch, die weder für den Gast noch für den Empfangsmitarbeiter angenehm ist.

Generell gilt für jeden Gast: Die Begrüßung ist der erste Eindruck, den der Gast vom Haus erhält. Wenn dieser perfekt ist, können spätere eventuell auftretende Schwierigkeiten leichter ausgeglichen werden.

Daraus lässt sich schließen, dass nur mit besonderer Menschenkenntnis, dem Willen, den Gast zu verstehen und seine Wünsche bereits zu erahnen, sowie zielgerichtete Fragen zu stellen, eine elementare Grundlage bilden. Nur so kann das Ziel, den Gast ganz individuell zufrieden zu stellen erreicht werden.

Der Grundsatz „Agieren statt Reagieren" hat hier oberste Priorität!

Im Folgenden findet sich ein Leitfaden eines möglichen Standard Check In:

Hausdiener

- Begrüßung der Gäste durch den Hausdiener, dieser fragt ob Hilfe beim Gepäckservice gewünscht ist.

- Begleitung zum Empfang, Hausdiener bleibt in der Nähe der Gäste, um sie anschließend auf das Zimmer zu begleiten.

Empfangsmitarbeiter

- „Herzlich Willkommen bei uns! Ich hoffe, sie hatten eine angenehme Anreise!"

- Den Gast bitten, den Meldeschein auszufüllen und zu unterschreiben, nur dann ist der check in möglich (siehe Vordruck Meldeschein)!

- Durchsprechen der markantesten Eckpunkte der vorliegenden Reservierung (Anreise, Abreise, Personenzahl/Aufbettung, Zimmerkategorie, Raucher-, Nichtraucherzimmer, Preis/Rate, Packages, Voucher/ Kostenübernahme klären).

- Info über Preis und Procedere des Parkservice.

- Bei individuell reisenden Gästen nach einem aktuellen Kreditkartenabzug fragen (Kreditkartennummer und Gültigkeit).

- Dem Hausdiener die Zimmernummer des Gastes mitteilen, der diese auf dem Gepäckschein vermerkt, um das Gepäck auf das Zimmer bringen zu können.

- Schlüsselkarte kodieren/Zimmerschlüssel ausgeben,

  die wichtigsten Gegebenheiten des Hauses erklären (Örtlichkeiten und Öffnungszeiten), zum Beispiel: Restaurants, Bar, SPA, Tiefgarage etc.

- Je nach Gegebenheit der Situation kann der Gast auf sein Zimmer begleitet werden.
  - → Hierbei spricht man vom sogenannten Rooming. D.h. der Empfangsmitarbeiter begibt sich mit dem Gast auf einen bildlichen Rundgang durch das Haus. Ein gesteigerter Wert wird vor Ort auf die Erklärung der Besonderheiten im Zimmer gelegt. *Dieses Angebot gilt meist für VIP-Gäste!*

- Dem Gast einen angenehmen Aufenthalt wünschen.

Meldeschein:

eschein für Beherbergungsstätten	Die Daten werden aufgrund von Artikel 26 und 27 Meldegesetz erhoben
ame	

no.	Tag der Anreise: date of arrival(dd.mm.yy):	Tag der Abreise: date of departure (dd.mm.yy):

, **Titel Vorname** Surename, title firstname:	**Preis bei Anreise/** rate on date of arrival:
oost (zip) code: **Wohnort/ Landkreis (auch Staat en):**	residence (enter country):
se, **Hausnr.:** No., strret:	**KFZ/** car registration
rtsdatum: date of birth:	**Staatsangehörigkeit:** nationality:
itperson: accompanied by:	
me: chr. name:	**Kinder (Zahl) angeben:** number of childreen:
bweichender Familienname: nt surename if applicable:	
tsdatum: birth:	**Personen gesamt:** total persons:

3.1 Gruppen Check In (Busreisen)

Ein Gruppen Check In, wie bei Reisegruppen üblich, bedarf einer guten Vorbereitung. Nur so ist ein zeitsparender Empfang der Gäste möglich. Dies liegt sowohl im Interesse der Reisenden, wie auch der Empfangsmitarbeiter.

Die große Annehmlichkeit aus Personalsicht ergibt sich daraus, dass nur dem Reiseleiter selber die Hotelanlage und die damit verbundenen Gegebenheiten erklärt werden müssen. Er wiederum übergibt diese Informationen seinen Mitreisenden, die dann nur noch den Zimmerschlüssel an der Rezeption abholen. Es kann aber natürlich auch eine Variante gewählt werden, wo der Empfangsmitarbeiter das Hotel direkt im Bus erklärt und auch dort den Zimmerschlüssel an die Gäste überreicht.

Es empfiehlt sich gerade in größeren Hotelanlagen, die Lage der Zimmer den Gästen genau zu erklären, möglichst bei Schlüsselübergabe an Hand eines kleinen Hotelplans.

Ablauf:

- Zimmerausweise vorbereiten.

- Bis spätestens 1 Stunde vor Anreise die Bezugsfähigkeit der Zimmer absichern.

- Hotelinternes Gruppenformular ausfüllen.
  → Auszug wichtigster Informationen aus dem Function sheet in kompakter Form

  Wichtige Punkte: Anzahl Einzelzimmer/ Doppelzimmer, Preis je Zimmer, Gepäckservice, Frühstückszeit, Abendessenzeit, Check out Zeit, Abreisezeit (um den Gepäckservice zu organisieren), Extras Selbstzahler, PM-Konto für Logisumbuchungen (siehe Paymaster Konten) bei Kostenübernahmen durch den Veranstalter.

- Die Zimmer im Hotelsystem einchecken, wenn alle Zimmer bezugsfähig sind.

- Unterschriftenliste für Veranstaltungen erstellen.

- Schlüssel bzw. Keycard mit dazugehörigen Zimmerausweis bereitlegen.

- Bei Anreise dem Reiseleiter alle wichtigen Informationen zur Hotelanlage sowie der Aufenthaltsgestaltung übermitteln und

Veränderungen abklären, Orientierung bietet hier das vor Anreise ausgefüllte Gruppenformular.

- Den Gästen den Zimmerausweis und die Zimmerschlüssel/-karte übergeben, den Weg zum Zimmer einfach und unmissverständlich aufzeigen.

Gruppenformular

Gruppenname	**PM-Konto**
Anreise:	**Abreise:**

Teilnehmerzahl:

EZ-Zahl:	DZ-Zahl:

Zimmerpreis

EZ:	DZ:

Frühstück	O	Zeit:
Halbpension	O	Zeit:
Vollpension	O	Zeit:

Gepäckservice Zeit:

Preis:

Bemerkung:

4. Check Out

Der Abreisetag soll für jeden Gast der krönende Abschluss seines perfekten Aufenthalts sein.
Gerade eine gelungene Verabschiedung ist eine elementare Voraussetzung, um das Interesse des Gastes für einen nächsten Aufenthalt zu erwecken oder ihn in diesem Wunsch zu bestärken.

- Gast kommt zum Empfang und sagt, dass er abreisen/ auschecken möchte.

Empfangsmitarbeiter

- Den Namen des Gastes erfragen, während des Check Out den Namen des Gastes etwa drei- bis fünfmal nennen,

- nach der Zufriedenheit des Gastes fragen; bei Unzufriedenheit sind unbedingt Details zu erfragen und die Behebung der Mängel zu zusagen,

- die Benutzung der Tiefgarage sowie die Benutzung der Minibar erfragen, gegebenenfalls muss hier dann nachgebucht werden,

- die Rechnungsanschrift abgleichen; gerade bei geschäftlich reisenden Gästen ist es wichtig, die Firmenadresse zu vermerken,

- bei großem Umfang der verbuchten Warengruppen empfiehlt es sich, eine Informationsrechnung (keine endgültige Rechnung) auszudrucken, diese dem Gast inklusive der Zimmerbuchungsbelege zur Einsicht und Kontrolle vorlegen und gegebenenfalls Korrekturen vornehmen,

- ist die Rechnung korrekt, den Gast nach der Zahlungsweise fragen, bei Kartenzahlung kann der Kundenbeleg an die Gastrechnung geheftet werden und nachgefragt werden, ob die Rechnung in einen Umschlag gelegt werden soll,

- erfragen, ob jetzt schon für einen nächsten Aufenthalt gebucht werden darf,

- eventuell Gepäckservice anbieten bzw. erfragen, ob das Fahrzeug des Gastes vorgefahren werden darf.

- für den Aufenthalt bedanken und eine angenehme Heimreise wünschen

Zahlung vor Abreisetag	Check Out am Abreisetag
Verschiedene Funktionen Zwischenrechnung Vorrausrechnung Vorzeitige Abreise	Zimmer wird mit Bezahlung der Leistungen ausgecheckt
• Zwischenrechnung: bis jetzt aufgelaufene Leistungen werden bezahlt (kein c/o möglich!) • Vorrausrechnung: bis jetzt aufgelaufene Leistungen und alle Fixleistungen sowie die Logis bis zum Abreisedatum laufen an und können jeder Zeit beglichen werden (kein c/o möglich) • vorzeitige Abreise: bis jetzt verbuchte Leistungen werden beglichen (Zimmer wird ausgecheckt)	

5. Reservierungsannahme

Im Allgemeinen werden Reservierungen von der Reservierungsabteilung, sofern vorhanden, entgegengenommen. Da diese aber auch nicht rund um die Uhr besetzt sein wird, kommt es auch vor, dass Reservierungen vom Empfangsmitarbeiter bearbeitet werden müssen. Die Kenntnis über Zimmerkapazitäten, tagesaktuelle Zimmerpreise sowie Arrangements ist somit von größter Bedeutung, um den Gast nach seinen individuellen Wünschen beraten und ein verkaufsförderndes Gespräch führen zu können. Hierbei wird es von entscheidender Bedeutung sein, die Bedürfnisse des Gastes zu erfragen und zu erkennen, aber auch dessen Zahlungswillen für die entsprechend nächst höhere Zimmerkategorie herauszufinden. Ein Verkaufsgeschick, gepaart mit Menschenkenntnis und Fachwissen, sind hier unabdingbare Mittel für ein erfolgreiches Verkaufen. Es muss beim potenziellen Gast das Gefühl der ganz auf seine Wünsche abgestimmten, individuellen Beratung, geweckt werden. Es bietet sich immer an, einen direkten Nutzen des zu verkaufenden Produktes mit speziellen Vorteilen zu benennen und somit das Interesse beim Käufer zu erwecken und schließlich ihn zu überzeugen und das Angebot zu verkaufen.

Als Leitfaden hierzu dient die schrittweise Übersicht der Reservierungsannahme:

- Name und Adresse des Gastes, gegebenenfalls Name/n der Begleitperson/en, eine Unterscheidung von Besteller und Gast ist auch möglich, bei einem Besteller werden die gleichen relevanten Dateneckpunkte mit aufgenommen

- Telefon/Telefax

- Anreise

- Abreise

- Anzahl der Einzelzimmer (EZ)/Doppelzimmer (DZ)

- Raucher/ Nichtraucherzimmer erfragen

- Kategorie, Rate, Res.-Nr.

- Besondere Wünsche, wie zum Beispiel Babybett, Hund

- Verweis auf den Reservierungsstatus, wenn das Zimmer garantiert werden soll, muss eine Kreditkarte hinterlegt werden, eine Anzahlung geleistet werden, eine Kostenübernahme vorliegen oder eine Bestätigung via Fax oder E-Mail erfolgen (siehe unter Vorbereitung des Tagesabschlusses/Anreisenbearbeitung).

Zur Hilfe dient ein Reservierungsvordruck:

Reservierungsvordruck Anfrage O Reservierung O	
Gast	*Besteller*
Name:	Name/ Firma:
	Kontakt:
Adresse:	Adresse:
Telefon:	Telefon:
Telefax:	Telefax:

Anreise: Abreise: Anzahl EZ: Kategorie: Rate/ Preis: Res.Nr.:	 Anzahl DZ: Kategorie: Rate/ Preis: Res.Nr.:

Raucher O	Nichtraucher O

Bemerkungen:

Aufgenommen am: Kürzel:
Eingegeben am: Kürzel:

Nach der schriftlichen Aufnahme der Reservierung folgt das Anlegen der Reservierung im Hotelprogramm!

Merke:
Um die Reservierung auch nach 18:00 Uhr zu garantieren, muss der Gast eine Kreditkarte hinterlassen und die Reservierungsbestätigung von ihm unterzeichnet an das Hotel zurückgesandt sein.

5.1 <u>Walk In</u>

Unter einem Walk In-Gast versteht man einen Gast, der ohne vorherige Reservierung anreist.

Da in diesem Fall kein Schriftverkehr vorliegt, besitzt das Hotel nur ganz begrenzte Möglichkeiten, einem potentiellen Zechpreller in Regress zu nehmen.

Daher genügt es nur in Ausnahmefällen, einen Kreditkartenabzug (d.h. Kreditkatennummer mit Gültigkeit) in die Gästekartei einzutragen. In aller Regel muss der gesamte Aufenthalt im Voraus gezahlt und ein Deposit geleistet werden. Der Aufenthalt umfasst in jedem Fall die Logis, Fixleistungen, meist auch die Parkplatznutzung und gegebenenfalls die Kurtaxenpflicht.

Das Deposit ist eine zusätzliche Sicherheit für eventuell ausbleibende Zahlungen von Extras oder für durch den Gast verschuldete Schäden im Zimmer.

Die Bestimmungen zur Vorauszahlung und Depositleistung können je nach Hotelkategorie variieren.

Auch beim Walk In-Gast muss ein Meldeschein ausgefüllt werden. Die Daten müssen mit dessen Personalausweis abgeglichen werden.

Merke:
Vorauszahlung des Aufenthaltes bei Anreise nehmen und eventuell Deposit buchen

6. Kategorienspiegel

Kategorienspiegel		15. KW			
April		Montag	Dienstag	Mittwoch	Donnerstag
2008		7	8	9	10
	Bestand				
Standard	35	16	35	10	33
Superior	23	15	23	12	18
Suite	8	8	8	3	4
Executive Suite	4	1	5	2	2
Gesamt	70				
		keine Suite	Überbucht!		kein SPA
Belegt		40	71	27	57
Gesamt frei		30	0	43	13
Warteliste		0	1	0	0
Tentativ		0	0	0	2
Definitiv		40	70	27	55
Auslastung in %		57	101	36	81
Effektiv frei		30	0	41	15
Out of Order		0	0	2	0

Erklärung:

Der Kategorienspiegel gibt den Überblick über die Belegungen in den einzelnen Zimmerkategorien. Die obere Abbildung gibt einen kleinen Auszug einer möglichen Belegungssituation wieder.
Das Hotel bietet für seine Gäste folgende Kategorien an:

Standard
Superior
Suite
Executive Suite

Die obere Tabelle zeigt die vergebene Zimmeranzahl je *Zimmerkategorie* an. Ist die Ziffer, die die Zimmerzahl je Zimmerkategorie anzeigt größer als der vorhandene Zimmerbestand, so liegt eine Überbuchung vor. D. h., es wurden mehr Zimmer verkauft, als tatsächlich vorhanden sind. In diesem Fall steht in der unteren Tabelle bei *Warteliste* eine Ziffer größer als Null.

Der Begriff *Belegt* erklärt, wie viele Zimmer vergeben sind.
Gesamt frei gibt die Zimmeranzahl der noch verkaufsfähigen Zimmer an.

Tentativ gebuchte Zimmer sind Reservierungen/ Buchungen ohne geregelte Verbindlichkeiten durch den Beherbergungsvertrag. Die Anreise des Gastes ist nicht sicher. Der Gast hat eine Reservierung getätigt, ohne die Anreise definitiv zuzusichern.

Definitive Zimmer sind Buchungen, bei denen die Zimmer einem Gast garantiert werden oder zumindest bis 18:00 Uhr nicht anderweitig weitergegeben werden dürfen.

Die *Auslastung* gibt den prozentualen Anteil der belegten Zimmer an.

Zu den *Effektiv freien* Zimmern gehören alle Zimmer, die noch verkaufbar sind, also auch tentative Buchungen.

Ein Zimmer, welches in den Status *Out of Order* gestellt wurde, kann nicht vergeben werden, da es aus der Verfügbarkeit genommen wurde. Ein Grund hierfür können Instandsetzungsarbeiten sein.

7. Zimmerplan

Zimmerplan			15. KW		Aktuelles Datum: 07.04.2008	Aktuelle Zeit: 9:00 Uhr
April			**Montag**	**Dienstag**	**Mittwoch**	**Donnerstag**
2008		Status	7	8	9	10
101	Standard	Di	*Müller*			
102	Superior	Di	*Stein*			
103	Suite	Cl				
104	Standard	Cl				
105	Standard	Di	*Kramer*			
106	Standard	Cl				
107	Standard	Cl		*Heinz*		
108	Superior	Cl	*Luis*			
109	Superior	Cl				
110	Standard	Di	*Herrmann*			
111	Standard	Cl		*Keller*		
112	Superior	Cl				
113	Standard	Cl				
114	Suite	Di	*Förster* / *Held*			
115	Suite	Cl				
116	Standard	Cl		*Smith*		
117	Superior	Di				

Di: dirty - schmutzig
Cl: clean - sauber
KW: Kalenderwoche

Der Status Di entsteht auch durch die Belegung eines Zimmers durch den Gast. Mit dem Check In des Zimmers ändert sich der Status automatisch von Cl in Di.

Das Zimmer des noch nicht eingecheckten Gastes Keller ist Cl. Es wurde also schon geputzt. Ist das Zimmer aber, so wird der Status Di angezeigt.

Die Abreise erfolgt für gewöhnlich bis 12 Uhr Mittag. Das Zimmer sollte am selben Tag für den neu anreisenden Gast je nach Reservierungsbestätigung ab spätestens 15 Uhr wieder bezugsfertig, also clean sein.

Das Fallbeispiel des dargestellten Zimmerplanes, zeigt das das Zimmer # 111 vom 07.04.08 bis 08.04.08 noch verkauft werden kann.

8. Übergabebuch

Das Übergabebuch ist ein schichtübergreifendes Informationsmittel, welches sowohl als handschriftliches Buch geführt werden kann oder aber in der Hotelsoftware für jeden Empfangsmitarbeiter benutzbar ist. Hierin sind wichtige Vorkommnisse, aber auch Taxibestellungen oder sonstige Gästewünsche notierbar.

Der Mitarbeiter, welcher die Information in das Übergabebuch einträgt, vermerkt sein Kürzel dahinter. So bald die Information nicht mehr aktuell ist, muss ebenfalls mit dem Kürzel des Mitarbeiters, der die jeweilige Aufgabe erledigt hat, gegengezeichnet werden. Zur jeweiligen Schichtübergabe muss das Übergabebuch aktualisiert werden. Durch den Kürzelvermerk des Mitarbeiters kann bei auftretenden Fragen der Ansprechpartner ausfindig gemacht werden.

Gästewünsche und Bestellungen können mit Hilfe dieses Buches von jedem Empfangsmitarbeiter nachvollzogen und aktualisiert werden. Voraussetzung hierfür ist die stetige Bearbeitung aber auch die Einsicht der Mitarbeiter mit Schichtbeginn zur Übergabe.

Übergabebuch

Datum: 01.01.2008   *eingegeben   erledigt*

Blumen bestellt für Familie Mayer #315 zu 8:00 Uhr, 25,00€ müssen   TL   DN
noch gebucht werden

Taxi bestellt für Herrn Müller #101 zu 15:30 Uhr   FD

Vorschau

04.02.2008
Veranstaltung Fischer Kühlung, 50 pax, Anreise11:30 Uhr

06.02.2008
Schulung

9. Traces

Ein Trace ist eine interne Nachricht, welche in der Hotelsoftware einer Zimmernummer zugeordnet wird und dort an die jeweilige Abteilung auf ein bestimmtes Datum gesetzt wird, an dem es auf der Traceliste erscheinen soll! Man kann Traces für verschiedene Abteilungen setzen und für ein bestimmtes Datum.

Die Übersicht aller Traces wird zum Dienstbeginn von der sie betreffenden Abteilung durchgesehen und ausgedruckt, um diese dann bearbeiten zu können. Entsprechend sind erledigte Traces abzuhaken und in der Hotelsoftware von „nicht erledigt" auf „erledigt" zu setzen.

Abteilungen, die möglicherweise kein Hotelprogramm zur Verfügung haben, wie zum Beispiel die Küche oder der Service, bekommen eine aktuelle Traceliste ausgedruckt.

Dies erfolgt nach dem Tagesabschluss durch den Nachtdienst. Die Listen für den aktuellen Tag werden gedruckt und an die entsprechende Abteilung zu deren Bearbeitung weitergeleitet.

Wichtig:
- Trace für betreffende Abteilungen setzen
- kurze, genaue Schilderung der Aufgabe im Trace vermerken
-nicht erledigte Traces bei Schichtübergabe und während der Schicht prüfen

Traceliste:

race-Liste	
ront-Office	12. März 2008

112 Herrmann, Fritz	12.03. – 16.03.2008
ingeben von Müller, Michael am 19.02.08 um 12:10 Uhr	
• Spätanreise 23:00 Uhr • CC fehlt	

113 Mustermann, Michael	12.03. – 14.03.2008
ngeben von Schmidt, Max am 22.01.08 um 15:20 Uhr	
• Voucher fehlt	

10. **Weckservice**

Wenn ein Gast einen Weckruf bestellt, wird der Name des Gastes, seine Zimmernummer und die Zeit zu der er geweckt werden möchte in einer Weckliste vermerkt. Um den Gast in der richtigen Sprache zu wecken, wird hinter seiner Zimmernummer ein D für deutsch oder ein E für englisch vermerkt. Wichtig ist auch hier, dass der Mitarbeiter, welcher den Weckauftrag entgegennimmt sein Kürzel einträgt. Sobald der Gast geweckt wurde, muss sich der entsprechende Mitarbeiter, der den Weckruf ausgeführt hat, auch mit seinem Kürzel austragen, damit ein doppelter Weckruf durch einen anderen Mitarbeiter vermieden wird.

Die Zeit des Weckrufs wird zur Erinnerung in einem Telefon mit Weckfunktion oder einem Wecker am Empfang eingegeben. Nachdem ein Weckruf ausgeführt wurde, ist die Erinnerung für den nächsten Weckruf weiter zusetzen.

Der Gast wird mit folgenden Worten geweckt: „Guten Morgen Frau/Herr ... dies ist Ihr Weckruf. Es ist ...Uhr".
In Hotels der fünf 5-Sterne-Kategorie wird der Wunsch nach einem zweiten Weckruf erfragt und eine kurze Wetterübersicht gegeben.

Beispiel einer Weckliste

WECKLISTE: 03.08.2008

Uhrzeit	Name	Zimmernummer	Sprache	MA angenommen	MA ausgeführt
6:00	Maier	216	D	FL	DP
	Smith	435	E	TL	DP
7:00	Müller	128	D	ML	TN
	Francis	259	E	FL	DP
8:00	Scheuer	359	D	KI	TN
	Knecht	420	D	MD	LM
9:00	Pfahl	281	D	KI	LM
	Davis	177	E	TL	LM
10:00	Schulz	134	D	KI	LM

11. <u>Devisenwechsel</u>

Unter einem Devisenwechsel versteht man den Bargeldwechsel von einer Währung in eine andere unter Berücksichtigung des entsprechenden Wechselkurses, welcher sich täglich ändert. Die Information über den jeweiligen Tageskurs ist bei den Kreditinstituten erhältlich.
Die Kurse für den An- und Verkauf fremder Währungen entstehen durch die Wechselwirkung von Angebot und Nachfrage.

Unterschiede der Zahlungsmittel:

Sorten
Banknoten;
Münzen

Devisen
Schecks und Zahlungsanweisungen, welche auf ausländische Währungen ausgestellt wurden und im Ausland anerkanntes Zahlungsmittel sind;
Wechsel

2 Arten des Umtausches sind von Bedeutung:

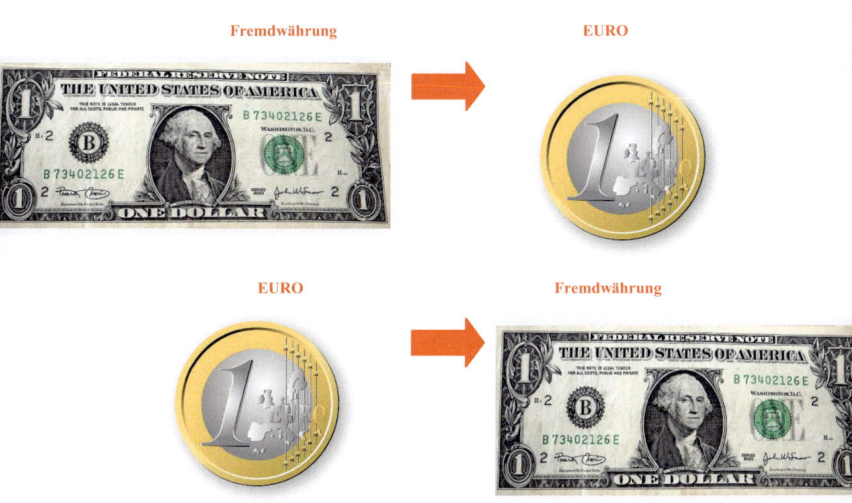

Bei einem Währungswechsel entstehen Kosten. Die so entstehenden Gebühren erhält zu einem Teil die Landeszentralbank (LZB) und zum anderen Teil die jeweils wechselnde Bank als Provision.

Devisenwechsel in der Hotelsoftware

In der Hotelsoftware wird der zu wechselnde Betrag und die Ausgangswährung eingetragen, der meist unter dem Button *Devisenwechsel/ Währungswechsel* hinterlegt ist. Ebenfalls muss die Währung, in die gewechselt werden soll, eingegeben werden.

Das System errechnet dann automatisch den auszuzahlenden bzw. zu wechselnden Währungswert. Die dabei anfallende Wechselgebühr ist darin enthalten.

Der Rechner unterscheidet in zwei Rechenvarianten:

(Kurs x 100) / 100 = EUR   **(100 x EUR) / Kurs = Auslandswährung**

Diese Formeln können auch vom Empfangsmitarbeiter, z. B. bei Systemausfall, angewandt werden.

Die Hotelsoftware verbucht den Devisenwechsel auf das eingegebene Zimmer/PM-Konto. Eine Rechnung wird für den Gast erstellt und eine zweite Ausfertigung verbleibt zur Kassenabrechnung im Hotel.

12. Paymaster-Konten

Unter einem Paymaster-Konto (PM) versteht man ein Sammelkonto für Buchungen, welche in der Hotelsoftware ähnlich dem eines Zimmers angelegt ist. PM-Konten werden für Gruppen/ Veranstaltungen (privater Anlass oder Tagungen) angelegt
Es werden Leistungen wie Food and Beverage, Raummieten, Tagungspauschalen, Logis oder Extras darauf verbucht.
Zur besseren Übersicht können auch mehrere PM-Konten für dieselbe Veranstaltung angelegt sein.
So zum Beispiel um Frühstück & Logis von der Raummiete und der Tagungspauschale eines jeden Teilnehmers übersichtlich zu separieren.
Ein PM-Konto wird ab Nummer 9000 angelegt und ist einer Veranstaltung direkt zugeordnet. Entsprechend ist es dann auch im Function Sheet aufgeführt.

Beispiel: PM 9068; Buchungen der Warengruppen Logis & Frühstück
PM 9070; Buchungen der Warengruppe Tagungspauschale

Logis von Zimmer # 50; # 76; # 101; # 105

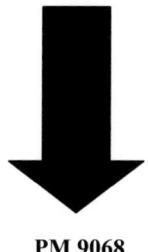

PM 9068

Um ein PM-Konto anzulegen, muss nur eine freie 9000er Nummer (über Zimmerplan) ausgewählt, der Zeitraum des Bestehens festgelegt und die entsprechende Rechnungsadresse eingegeben werden. In der angelegten Zimmerkartei muss der Sourcecode und Marketcode einheitlich auf PM gesetzt werden.
Das Konto wird genau wie ein Zimmer eingecheckt, bei Check Out wird meist die Zahlart Debitor gewählt, da die Rechnung, gerade bei großen

Veranstaltungen, erst an den Veranstalter gesandt werden muss. Die Zahlung muss nach einer vertraglich geregelten Frist von ihm beglichen werden.

Erleichterung bei Kostenübernahmen

Wenn eine Kostenübernahme des Veranstalters über bestimmte Leistungen der Teilnehmer vorliegt, können diese mit Hilfe einer Umleitung/ Rechnungsinstruktion (sog. Routing) auf das jeweils angelegte PM-Konto des Veranstalters automatisch transferiert werden. Die erbrachte Leistung wird also im Zimmer des Gastes verbucht z B. # 105 und wird dann automatisch auf ein PM-Konto umgebucht. Diese Leistung erscheint damit nicht mehr auf dem Zimmer, sondern ist dann auf dem PM-Konto sichtbar und wird Bestandteil dieser Abrechnung. Diese Funktion erspart viel Arbeit und damit Zeit, da nicht jede anlaufende   Warengruppen manuell umzubuchen ist, sondern mit der Buchung auf das Zimmer automatisch auf das entsprechende PM-Konto umgeleitet wird.

13. Zahlarten/Zahlungsmittel

Die Gäste können offene Rechnungen mit verschiedenen Zahlarten und Zahlungsmitteln begleichen.

- Banknoten, Münzen

- Kreditkarten: Eurocard/Mastercard, VISA, American Express, JCB, Diners Club

- Maestrocard : EC-Karte

- Voucher

- vom Hotel ausgestellter Gutschein

- Deposit (Überweisungen im Voraus/Anzahlung)

- Debitor (Kostenübernahme)

Wird die Rechnung mit einer Kreditkarte beglichen, zahlt das Hotel einen Anteil auf den zu entrichtenden Betrag an das Kreditkarteninstitut.
Der prozentuale Anteil liegt je nach Kartentyp circa zwischen 1,55 % und 3,00 %.

Bezahlt der Gast einen Betrag von 100,00 € mit einer Kreditkarte, dessen Kreditkartenunternehmen 3,00 % Gebühr fordert, so zahlt das Hotel also 3,00 € an die Bank.

Es fallen jedoch keine Kosten für das Hotel an, wenn Gäste Bar oder per EC-Karte zahlen.

13.1 Procedere bei Zahlung mit EC Karte

- zu zahlender Betrag in das Kreditkartenterminal eingeben

- Karte durch das Terminal ziehen

- PIN-Code wird vom Gast in das Gerät eingetippt und der zu zahlende Betrag bestätigt,
  ein Kundenbeleg und ein Händlerbeleg werden gedruckt (die Unterschrift auf dem Beleg entfällt)

oder

- *Händlerbeleg* wird vom Gast unterzeichnet (PIN nicht nötig) und verbleibt beim Hotel, der *Kundenbeleg* wird mit der Rechnung dem Gast mitgegeben

13.2 Prozedere bei Zahlung mit Kreditkarte

- zu zahlender Betrag in das Kartenterminal eingeben

- Karte durch das Terminal ziehen

- Belege werden gedruckt

- *Händlerbeleg (vollständige Kartennummer und Gültigkeit vermerkt)* wird vom Gast unterzeichnet und verbleibt beim Hotel

- *Kundenbeleg (meist ist die Kartennummer unkenntlich gemacht abhängig vom cc Terminal)* wird mit der Rechnung dem Gast mitgegeben

Merke:
Der Händlerbeleg muss vom Gast unterzeichnet werden, nur damit bekommt die Kartenbelastung rechtliche Gültigkeit..

13. Kassenabmeldung

Man unterscheidet zwei Kassensysteme, mit dem ein Hotelempfang arbeiten kann:

1. Jeder User (Mitarbeiter an der Rezeption) bucht unter seinem Kürzel auf eine gemeinschaftliche Kasse im System, welche zu Schichtbeginn geöffnet und zu Schichtende wieder geschlossen wird.

2. Jeder User hat eine eigene Kasse/Kassennummer im System, welche er vor der Bebuchung mit seiner Kassennummer und seinem Passwort öffnen bzw. zu Schichtende wieder schließen muss.

In jeder Schicht wird eine Kasse mit dem Schichtende abgemeldet. Unabhängig von der Hotelsoftware mit der gearbeitet wird, müssen hierzu grundlegende Schritte beachtet werden:

Zunächst sollten die verbuchten Kreditkartenzahlungen auf Vollständigkeit geprüft werden. Die Buchungen aus dem Hotelsystem werden mit denen der Kreditkartenterminals vergleichen.

Prüfung der Buchungen im Hotelsystem

Hierzu empfiehlt es sich, eine Liste aus dem Hotelprogramm über alle Buchungen zu ziehen. Diese Informationen sind im Kassenjournal ersichtlich.

Kassenjournal:

Kassenjournal 03.06.2008

Kasse 1

Zahlart	Uhrzeit	Zimmer	Gast	Währung	Summe	Mitarbeiter
Barzahlung	07:30	80	Heinz	Euro	450,00	FL
Barzahlung	08:25	101	Müller	Euro	284,10	TN
Barzahlung	10:22	105	Kramer	Euro	121,00	LM

Zahlart Gesamt   **855,10**

Zahlart	Uhrzeit	Zimmer	Gast	Währung	Summe	Mitarbeiter
EC-Karte	07:10	23	Maier	Euro	346,12	TN
EC-Karte	07:28	64	Francis	Euro	265,30	ML
EC-Karte	08:12	56	Keller	Euro	120,50	KJ

Zahlart Gesamt   **731,92**

Zahlart	Uhrzeit	Zimmer	Gast	Währung	Summe	Mitarbeiter
Visa	08:14	56	Keller	Euro	52,95	KI
Visa	13:02	108	Schulz	Euro	86,90	IM

Zahlart Gesamt   **764,55**

Zahlart	Uhrzeit	Zimmer	Gast	Währung	Summe	Mitarbeiter
Amex	12:08	50	Scheuer	Euro	624,70	KA

Zahlart Gesamt   **624,70**

Zahlart	Uhrzeit	Zimmer	Gast	Währung	Summe	Mitarbeiter
Debitor	06:34	108	Schulz	Euro	350,00	IM

Zahlart Gesamt   **350,00**

Achtung:
Die zu vergleichenden Summen ergeben sich immer sortenrein aus einer Kreditkartentyp, z.B. VISA oder JCB.

Prüfung im Kreditkartenterminal

Zum Nachvollziehen werden die Kassenberichte aus den Kreditkartenterminals gezogen. Hierin stehen die Summen der verbuchten Beträge sortiert nach dem Kreditkartentyp.

-> Ausgehend davon, wird die Summe der Buchungen aus dem Hotelsystem mit denen der Kreditkartenterminals verglichen.

Bei Spätdienst und Nachtdienstabmeldungen muss die Summe aller davor abgeschlossenen Schichten des jeweiligen Tages aus dem Hotelsystem gebildet werden.

Summe Kreditkartenterminal = Summe Hotelsystem

Grund:

In den Kreditkartenterminals wird erst mit dem Tagesabschluss durch den Nachtdienst ein Kassenschnitt gezogen. Damit werden die Summen aller Kreditkartenzahlungen auf Null zurückgesetzt.
Da der Schnitt nur am Ende eines Tages vorgenommen wird, addieren sich die Buchungen im jeweiligen Terminal aus allen 3 Schichten.

Beispiel:

Um bei der Kassenabmeldung des Spätdienstes die Buchungen in der Hotelsoftware mit denen des Terminals zu vergleichen, werden die Summen von Früh- und Spätdienst des Hotelsystems sortenrein addiert. Gibt es mehr als ein Kreditkartenterminal, müssen die Summen der Kreditkartentypen eines jeden Terminals zusammen gebildet werden.

 Kreditkartenkontrolle

Hotelsystem
Summe der Kreditkartentypen sortenrein aus allen abgeschlossenen
Kassenschichten des Tages bilden

Vergleich der Summen im Hotelsystem mit denen im Kreditkartenterminal

Kreditkartenterminal
Summen der Kreditkartentypen sortenrein aus allen Kreditkartenterminals
bilden

Es darf keine Differenz auftreten! Andernfalls ist ein Buchungsfehler in der
Hotelsoftware oder im Kreditkartenterminal entstanden.

Hinweis:
*Mögliche auftretende Fehler können durch das Verbuchen eines anderen
Kreditkartentyps im Hotelsystem, als mit der tatsächlich via Kreditkartenterminal
gezahlt wurde, entstehen.*

 Bargeldbestand

Nach der Kreditkartenkontrolle, wird der Bargeldbestand in der
Empfangskasse geprüft.
Der Bargeldgrundbestand ohne Einnahmen kann verschieden sein, zum
Beispiel 500,00 € oder 1000,00 €.
Vor der Kassenabmeldung zeigt das Hotelsystem die Bargeldeinnahmen an,
also den Betrag, welcher über dem Anfangsbestand eingenommen wurde.

Diese Differenz wird in eine Abrechnungstasche gelegt und geht an die
Buchhaltung zur Überprüfung.
Nun wird der Kassenbestand gezählt. Kommt ein Betrag, der über dem
Anfangsbestand liegt heraus, so handelt es sich um Trinkgeld (Tip), welches
aus der Empfangskasse entnommen und in eine Trinkgeldkasse gelegt und
dort aufbewahrt wird.

In anderen Systemen errechnet sich der sogenannte Shiftdrop
(Bargeldeinnahme einer jeden Schicht) aus den Umsätzen der geschlossenen
Nutzerkassen und der Summe der durch den Empfang angenommenen
Kellnerabrechnungen.

Kassenabmeldung

Mit der Kassenabmeldung wird ein Kassenjournal + Kassenabschlussbericht gedruckt. Dieser wird zu den Bareinnahmen in die Abrechnungstasche gelegt.

Kassenabschlussbericht 03.06.2008

Kasse 1

Zahlart	Anfangsbestand	Soll	Entnahme	Bestand Neu
Barzahlung	1000,00	2340,00	1340,00	1000,00

Achtung:
Es kann auch eine negative Kasse abgemeldet werden, also mit einem Kassenbestand der unter dem Anfangsbestand liegt. Dies kann zum Beispiel durch das verbuchen einer Gastauslage (dem Gast wird Bargeld ausgelegt) verursacht sein, wenn keine Einnahmen gebucht wurden.

Anfangsbestand	*1000,00 €*
Einnahmen	*0,00 €*
Gastauslage	*60,00 €*

Abmeldung	*-60,00 €*

15. Systemaufbau

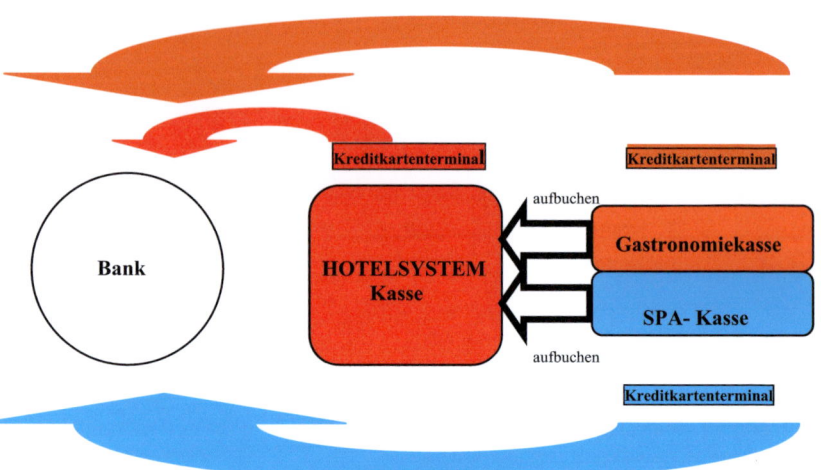

Outletkassen = SPA- Kasse, Gastronomiekasse

- Buchungen der Outletkassen werden erst mit Eingabe der Zahlart auf einem im System angelegten Zimmer des Hotelkassensystems der Rezeption übertragen bzw. dort sichtbar

- Buchungen die von der Rezeptionskasse getätigt werden, können nicht auf die Outletkassen transferiert werden

- Abbuchungen von einer Kreditkarte am cc-Terminal müssen ebenfalls im Kassensystem der Rezeption oder einer Outletkasse verbucht werden (siehe hierzu auch Kassenabmeldung S.35 und Kreditkartenkontrolle des Tages S. 46).

16. Abrechnung annehmen

Am Ende einer jeden Schicht geben die Mitarbeiter der Gastronomie ihre Abrechnung am Empfang ab. Diese Abrechnung beinhaltet den Kassenabschlussbericht (Umsatzübersicht der Schicht) aus dem Gastronomiebuchungssystem eines jeden Kellners.

Zu prüfende Inhalte

Abrechnungsbericht aus der Gastronomiekasse
Bargeld
Kreditkartenbelege
Guest Checks/Zimmerbuchungen
Gutscheine
Stornobons
Hausbons

Bei der Abgabe der Abrechnung müssen oben genannte Inhalte auf Anzahl, Unterschrift und verbuchte Geldwerte mit dem Kassenabschlussbericht geprüft werden:

- Bargeldbetrag prüfen

- Vollständigkeit der Kreditkartenbuchungsbelege kontrollieren, sie sind nur gültig mit der Unterschrift des Gastes

- vollständige Anzahl der Guest Checks, die Zimmerbuchungen sind nur gültig mit der Unterschrift des Gastes

- eingelöste Gutscheine mit im Gastronomiebuchungssystem verbuchten Guest Check

- vollständige Anzahl der Stornobons, nur gültig mit Unterschrift des Abteilungsleiters

- vollständige Anzahl der Hausbons, nur gültig mit Unterschrift des Abteilungsleiters

NACHTDIENST

17. Schichtablauf

- Kasse und Safe zählen

- Traces lesen

- Functions lesen

- Übergabebuch lesen

- Übergabe vom Frühdienst

- Late Check In`s

- Listen ziehen und der Ablage bzw. Abteilung zuordnen

- Anreiseordner umheften

- Ausschilderung für Veranstaltungen vornehmen

- Abrechnungen Restaurants, Bars, SPA entgegennehmen

- Guest Checks verteilen

- Kreditkartenkontrolle des Tages

- Kreditkartenterminal abmelden (Bericht: Übersicht, Kassenschnitt endgültige Abrechnung)

- Bargeldeinnahme prüfen

- Notfalllisten ziehen um 4 Uhr

- Kassenabmeldung

- Restanreisen cxl/einchecken/weitersetzen

- Tagesabschluss starten

- Weckrufe checken: Weckzeit im Wecker eingegeben?

- Listen aus Tagesabschluss aussortieren und verteilen

- Rundgang durch die Hotelanlage durchführen, Türen schließen, Ungewöhnliches notieren und bei Übergabe weiterleiten

- Early Check Out`s

- Übergabe an den Frühdienst (Besonderheiten weiterleiten)

18. Vorbereitung des Tagesabschlusses

- Listen (zum Beispiel: Anreiseliste, Gäste im Haus Liste) für Abteilungen des Hauses ziehen -> diese dienen der Vorbereitung für den Folgetag

- Anreiseordner mit Buchungsbestätigungen (Schriftverkehr) des Tages aussortieren -> in den Archivierungsordner

- Kreditkartenkontrolle des Tages (siehe Kassenabmeldung)

- Kassenabmeldung

- Anreisenkontrolle für den Folgetag

- Anreisenbearbeitung des aktuellen Tages

19. Anreisenbearbeitung/No Show Handling (Reservierung ohne tatsächliche Anreise)

Gäste, die zum Ende eines Tages noch nicht angereist sind, jedoch eine Reservierung haben, kann je nach Reservierungsstatus eine No Show Gebühr berechnet werden.

Hierbei werden unterschieden:

18:00 Uhr Reservierung:

Das Zimmer wird bis 18:00 Uhr des Anreisetages für den Gast bereitgehalten.

→ bei Nichtanreise entstehen dem Gast keine Kosten, da das Zimmer ab 18:00 Uhr weiterverkauft werden kann

Garantierte Reservierung:

Das Zimmer wird für den Gast bis zum Tagesabschluss bereitgehalten, eine Reservierung ist dann garantiert, wenn der Gast einen Kreditkartenabzug (Kreditkartentyp, -nummer und -gültigkeit) hinterlässt und die Reservierungsbestätigung unterschrieben an das Hotel zurücksendet.

➜ bei Nichtanreise entstehen dem Gast Kosten in Höhe von 90 % des Übernachtungspreises

➜ der Logispreis wird auf 90 % abgeändert, der Preiscode auf No Show gesetzt und die Reservierung anschließend eingecheckt, damit der Logispreis durch den folgenden Tagesabschluss berechnet werden kann (siehe hierzu auch Punkt 21. Tagesabschluss durchführen)

20. Kreditkartenkontrolle des Tages

Kreditkartentyp 1		Kreditkartentyp 2	
HOTELSYSTEM		**HOTELSYSTEM**	
Frühdienst	70,00 €	Frühdienst	350,00 €
Spätdienst	100,00 €	Spätdienst	200,00 €
Nachtdienst	200,00 €	Nachtdienst	235,00 €
Summe:	**370,00 €**	*Summe:*	**785,00 €**
TERMINALS		**TERMINALS**	
Terminal 1	100,00 €	Terminal 1	300,00 €
Terminal 2	150,00 €	Terminal 2	465,00 €
Terminal 3	120,00 €	Terminal 3	20,00 €
Summe:	**370,00 €**	*Summe:*	**785,00 €**
DIFFERENZ	**0,00 €**		**0,00 €**

21. Tagesabschluss durchführen

Mit dem Start des Tagesabschlusses aktualisiert sich das Hotelsystem automatisch. Dabei werden die Daten für den nächsten Tag auf das entsprechende Datum weitergesetzt. Es werden Logis- und Fixleistungen verbucht und die neuen An- und Abreisen des Tages für den neuen Tag aktualisiert, gegebenenfalls laufen auch neue PM-Konten an. Ebenfalls aktualisiert sich die an das Hotelsystem gekoppelte Gastronomie- und SPA - Software.
Der Tagesabschluss darf erst nach 0 Uhr und nach dem Eingang aller Abrechnungen gestartet werden, da keine Buchungen während dessen Aktualisierung erfolgen dürfen.

Merke:
Die Aktualisierung für den nächsten Tag nimmt das System automatisch vor. So laufen die neuen Anreisen und Abreisen des Tages an, gegebenenfalls auch neue PM-Konten.

22. Arbeiten nach dem Tagesabschluss

- Verteilung der mit/nach dem Tagesabschluss gedruckten Listen in die Fächer der Abteilungen

- Einchecken der Kreditkartenkonten zum Verbuchen einer Kreditkartenzahlart

- *Rezeptionskonto/Direktverkaufskonto* (für Hausverkäufe (z. B.: Postkarten) die am Empfang getätigt werden) einchecken

Merke:
Das Rezeptionskonto ist immer für einen Tag angelegt. Das heißt dieses Konto des aktuellen Tages muss täglich neu eingecheckt werden. Das Konto des Vortages wird ausgecheckt, nachdem die noch offenen Beträge auf das aktuelle Rezeptionskonto des neuen Tages transferiert wurden.

 In Abhängigkeit von der Einstellung der Hotelsoftware kann das Ein- bzw. Auschecken der genannten Konten entfallen, wenn dies automatisch erfolgt.

- PM-Konten, die auf Anreise stehen einchecken, sofern dies nicht automatisch erfolgt ist.

- eventuelle Gruppenanreisen vorbereiten (siehe Gruppen Check In)

- Function sheets des Tages für Empfangsmitarbeiter zur Übersicht bereitlegen

- Buchhaltung über eventuell auftretende Differenzen in der Kreditkartenkontrolle informieren

Begriffserläuterungen

A

| Arrangement | Zusammenstellung verschiedener Leistungen zu einem Paketpreis |

B

Buchungsjournal — alle Buchungen werden in chronologischer Reihenfolge aufgeführt, ein Protokoll über alle erfassten Buchungen

C

Connecting door — Verbindungstür zwischen zwei Zimmern

D

Debitor — offene Rechnung, die vom Gast oder von einer Firma beglichen werden muss

Deposit — Anzahlung

Devisenwechsel — Währungswechsel

E

Early Bird

Frühstückswagen mit kleiner Auswahl, der vor offiziellem Frühstücksbeginn bereitgestellt wird

Early Check In

Frühanreise

F

Fixleistung

Leistungen, die je nach Bedarf im System angelegt und automatisch mit der Durchführung des Tagesabschlusses verbucht werden (Tiefgaragennutzung, Halbpension)

Function Sheet

Veranstaltungsübersicht des Tages

G

Gastauslage (Paid out)

eine Barauszahlung, die für den Gast getätigt wurde

Guest Check

Rechnungsbeleg aus der Gastronomiekasse

H

Hausbon

Beleg aus der Gastronomie für Verzehr auf Kosten des Hauses

| Händlerbeleg | bei EC- oder Kreditkartenzahlung gedruckter Zahlungsbeleg aus dem Kreditkartenterminal; verbleibt unterschrieben beim Hotel |

I

| Inhouse Guest | eingecheckter Gast |

J

K

| Kassenbericht | Auflistung über verbuchte Kreditkarten im Kreditkartenterminal |

| Kassenjournal | Aufschlüsslung getätigte Zahlarten nach Kassennutzer |

| Kassenschnitt | wie Kassenbericht, allerdings erfolgt ein Abschluss, bei den die Summen wieder auf Null gesetzt werden |

| Keycard | elektronischer Zimmeröffner |

| Korrespondenz | Schriftverkehr |

| Kreditkartenabzug | Aufnehmen des Kreditkartentyps, -nummer, -gültigkeit |

Kreditor	offene Rechnung, die vom Hotel beglichen werden muss
Kundenbeleg	bei EC- oder Kreditkartenzahlung gedruckter Zahlungsbeleg aus dem Kreditkartenterminal; verbleibt beim Gast
Kurtaxe	Abgabe die der Gast im Kurgebiet entrichten muss

L

Late Check In	Spätanreise
Late Check Out	Spätabreise
Logis	Übernachtung

M

Meldeschein	Registrierung des Gastes bei Check In

N

No Show	nicht anreisender Gast mit Reservierung

O

Out of Order · Zimmer ist aus Verfügbarkeit genommen wegen technischem Defekt

Out of Service · Zimmer ist aus Verfügbarkeit genommen, steht also nicht zum Verkauf

P

Package · Einzelleistungen, welche vor Ort dazugebucht werden können (z.B. Halbpension)

Paymaster Konto · Sammelkonto in der Hotelsoftware

Preistyp · dem Zimmerpreis zugeordneter Typ

Preis–Check-Report · Überprüfung eingecheckter Reservierungen auf korrekte Anlage hinsichtlich Rate, Gästeanzahl, Preis-, Sourcecode etc.

Q

Queue- room · noch nicht bezugsfertiges Zimmer, auf welches ein bereits angereister Gast wartet

R

Rate	Zimmerpreis
Reservierungsstatus	gibt den Status einer Reservierung an, diese kann zum Beispiel definitiv oder tentativ sein
Rooming	Erklärung des Hauses und im Speziellen die Besonderheiten des gebuchten Zimmers von VIP Gästen
Routing	automatische Umleitung einer Leistung von einem Zimmer auf ein anderes oder ein PM-Konto

S

Saldo	offener noch zu zahlender Betrag
Sourcecode	Mittel mit dem der Gast eine Reservierung tätigt, z.B. Telefon oder Internet
Storno (cxl)	abgesagte Reservierung, aus der Anreiseliste entfernt
Stornobon	Beleg wird durch das Stornieren einer Leistung in den Gastronomiekassen gedruckt

T

Tentative Reservierung	nicht vom Gast bestätigte Reservierung
Trace	interne Nachricht, welche im Hotelsystem einer Zimmernummer zugeordnet wird und dort an die jeweilige Abteilung zum Erscheinen für ein bestimmtes Datum gesetzt wird
Tip	Trinkgeld

U

Upgrade	Gast bekommt eine höhere Zimmerkategorie als gebucht
Upsell	Gast wird bei Anreise für geringen Aufpreis eine höhere Zimmerkategorie verkauft als eigentlich gebucht wurde
Übergabebuch	enthält empfangsinterne, schichtübergreifende Informationen des jeweiligen Tages

V

Voucher	Gutschein eines Reiseveranstalters

W

Walk In   Gast der ohne vorherige Reservierung einchecken möchte

Walk Out   siehe Zechpreller

X

Y

Z

Zimmerplan   Überblick über belegte und freie Zimmer

Zechpreller   Gast der ohne Absprache seine offene Rechnung zu bezahlen abreist

Abkürzungen

AE	= Abendessen
AGB	= Allgemeine Geschäftsbedingungen
ARRG	= Arrangement
ASP	= Ansprechpartner
B/O	= Back Office
CC	= Kreditkarte
C/I	= Check In
CLD	= Candle Light Dinner
C/O	= Check Out
CD	= Connecting door/ Verbindungstür
CXL	= Stornierung
DZ	= Doppelzimmer
EZ	= Einzelzimmer
F/O	= Front Office/ Empfang

FOM	= Front Office Manager
FST	= Frühstück
GS	= Gutschein
GM	= General Manager/Direktor
KÜ	= Kostenübernahme
MA	= Mitarbeiter
ME	= Mittagessen
MOD	= Manager on Duty
MWST.	= Mehrwertsteuer
NSM	= Non Smoking Room/Nichtraucherzimmer
HP	= Halbpension
TA	= Tagesabschluss
TG	= Tiefgarage
TP	= Tagungspauschale
PM	= Paymaster

PP = Parkplatz

RESA = Reservierung

RES.- NR. = Reservierungsnummer

RNG = Rechnung

ÜF = Übernachtung/Frühstück

SMO = Smoking Room/Raucherzimmer

SVK = Schriftverkehr

SZ = Selbstzahler

VA = Veranstaltung

VCH = Voucher

VP = Vollpension

= Zimmernummer

Sachregister

Rechtlicher Hinweis